MW01677142

白雪斋画学丛书

画竹技法

上海書店出版社
SHANGHAI BOOKSTORE PUBLISHING HOUSE

画　诀：

行笔　**抑扬顿挫**
线条　**刚柔粗细**
墨色　**枯湿浓淡**
笔势　**快慢顺逆**
笔性　**生熟巧拙**

目录

学 前 四 知

一、工具材料

砚：要有一方发墨快的砚台。如何鉴别呢?可用指甲在砚台上轻轻一划，如出现一条白色的甲灰,即是发墨快的砚台；若对着砚台呵上一口气，它能湿润得可以磨墨，而且摸上去又像小孩的脸颊一样光滑，这种砚台当然是再好不过了。如划上去只觉得一滑而过，没有甲灰，那肯定是不发墨的。别管它雕刻得如何精美，那只是中看不中用的。

墨：墨一般有三种：油烟、松烟、漆烟。油烟墨有光泽，适合于画花鸟；松烟墨无光，适合于画山水；漆烟墨介乎两者之间，它适合于写字。研墨时，先放少量水在砚台上，磨浓了，再放点水，再磨，这样就快。如一下子放上好多水，反而要慢。因为水多了容易使墨头发胖发软，软了就不发墨，而且会掉下墨渣，影响作画。所以最好用两管墨交替来磨，磨一段时间，让墨头干燥一下，用布把墨头擦干，这样可以让墨头一直保持结实、坚硬。墨头坚硬，发墨就快，磨起来有沙沙之声。上好的墨干后，边上又坚硬又锋利，像一把刀子。若用旧墨作画，当然更佳。所谓旧墨，一般在三五十年以上，墨中胶质已脱，火气全无，用来画山水更是雅淡得宜、气味清隽。有人问，为何不用墨汁?那你比较一下即可明白。墨汁画出来的水墨层次以及韵味，没有磨的墨丰富。若是上品旧墨，其墨色气息之雅，更是墨汁无法比的。当然，为了省事，在练习时不妨使用墨汁。

颜料：有两种颜料最好使用块状的，一种是花青，一种是赭石。最好是苏州姜思序堂出品的，胶又重，末子又细腻，色泽鲜明且没有火气。其他可以用锡管装的。

毛笔：画国画的人，一般都不太讲究，只要使用起来方便就行，所以一些画家都是各自选用或自己改制。

纸：不管是何种宣纸，只要是吸水性能好的，就可用，反之，就别用。因为吸水不好，画出来就没有韵味。如果使用上了胶矾的纸、绢或者扇面一类的不吸水纸张，那我们得用积水法画，画成后的效果又是一种味道。

二、执笔姿势

画画与写字一样，用“五指执笔法”。握笔好像抓住一只小鸟，不能把它捏死，也不能让它飞走。画小幅作品，用指、用腕，坐着画；画大幅，用肘、用肩、用腰，可站着画。一般都是中锋用笔，所谓中锋用笔，就是竖起笔来画，笔锋在墨线中间移动。有些笔画，需要侧锋用笔，侧锋笔也须竖起来画，只是笔锋在墨线的侧边移动，并非卧倒笔杆来画。因为竖笔画出的笔画力度浑厚，卧笔画出来的力度相比较显单薄。何故?毛笔是圆锥形的，像锥子一样，杆子一卧下就无力了。墨水是顺着笔毫直流而下的，竖起笔来作画，那水墨的凝聚力是很大的。如敲锣打鼓一样，你直敲它中心点，它的振动频率较匀，即使你轻轻地一点，它的音色也是浑厚饱满。如果你斜着敲去，那音响就显得单薄。在古琴上弹奏，老师经常提醒学生，要正势入弦，道理是一样的。

三、速度力度

速度：懂得照相原理的人都知道，镜头的进光量大，就快速曝光，镜头的进光量少，就慢速曝光，让底片成像有个合适的感光度。我们作画行笔速度的快慢，也是这个道理。墨水多时，行笔就快，画到墨水少了，行笔速度就渐渐慢下来，为的是让笔墨能力透纸背，恰到好处。

力度：当你掌握了速度，力度就伴随而来。不过还得特别强调一下，力度跟书法功力有关。你若同时练习书法，即相辅相成了。

四、有笔有墨

有笔：即行笔有一波三折、抑扬顿挫、并有刚柔粗细的变化，下笔有笔势。若在线条中含有枯、湿、浓、淡的变化，即达到了所谓“笔中有墨”。

有墨：即在小块或大块的墨色中具有枯、湿、浓、淡的变化意味，并且那些大块墨色亦能具备笔势笔触感，也就达到了所谓“墨中有笔。”

画竹技法

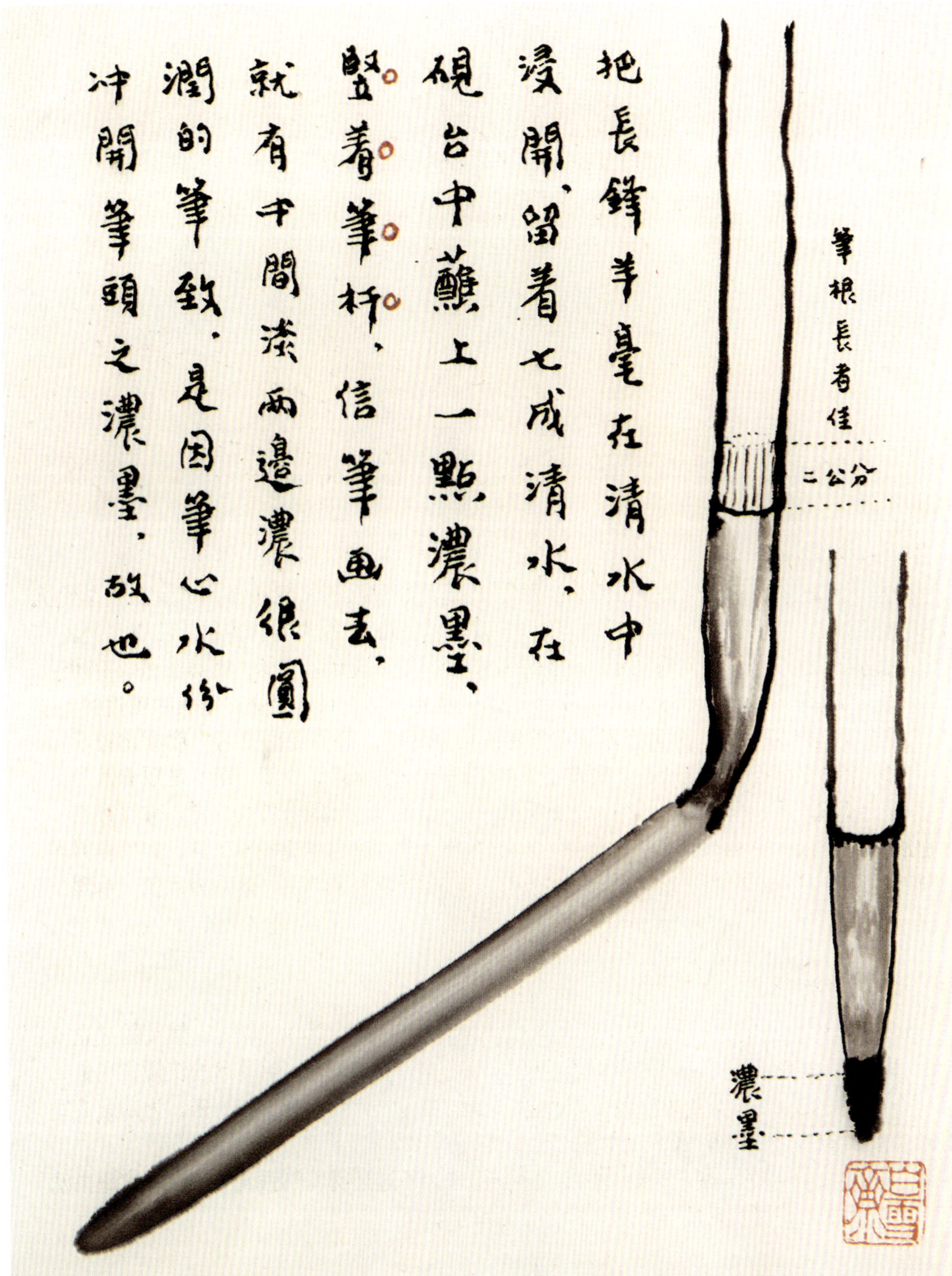

用笔示意：

把长锋羊毫在清水中浸开，留着七成清水，在砚台中蘸上一点浓墨，竖着笔杆，信笔画去，就有中间淡两边浓的圆润笔致，这是因为笔心的水分冲开笔头的浓墨所致。

若能定做一种长锋羊毫，笔根部多留一些毛为更佳，可以多涵水分，画长竹竿可一气呵成。

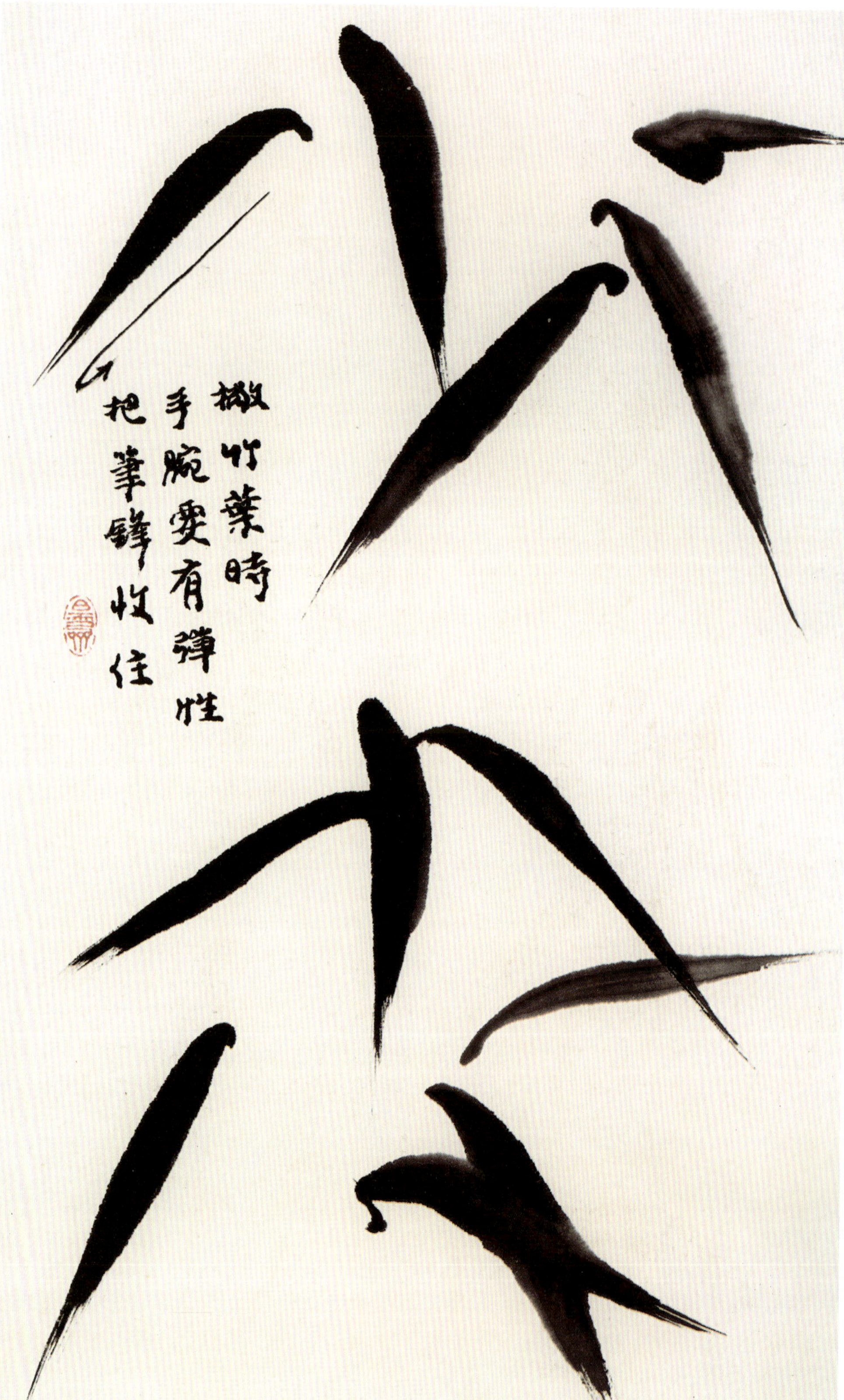

画竹练习，须从画竹叶开始。使用长锋羊毫（锋长八至九厘米，笔根直径二厘米，笔杆长二十五厘米。画枝与干也是这枝笔），蘸饱墨水快速撇出。

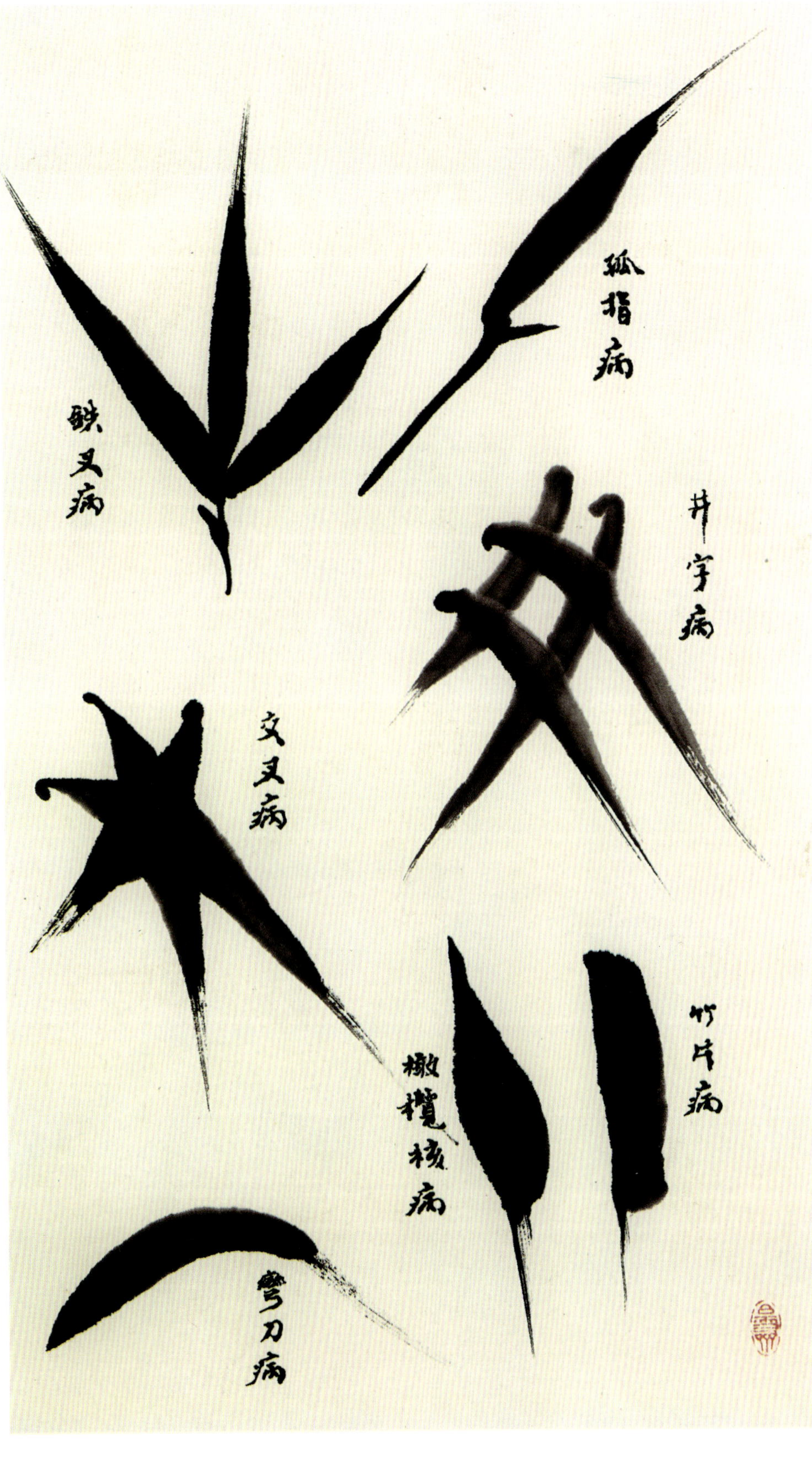

注意竹叶撇出时的几种病态，如图。

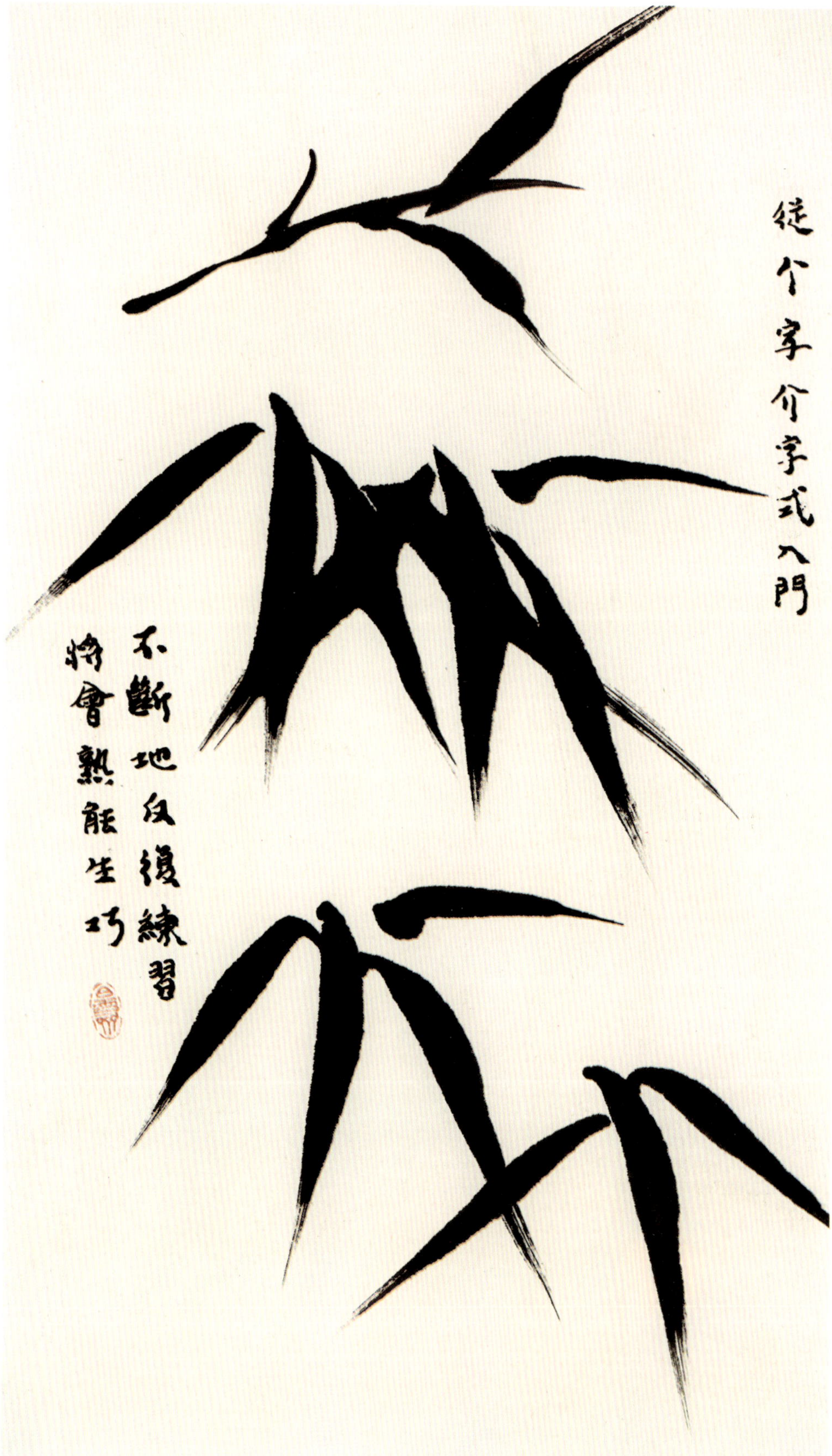

一组竹叶须有半放射状，避免两叶平行。

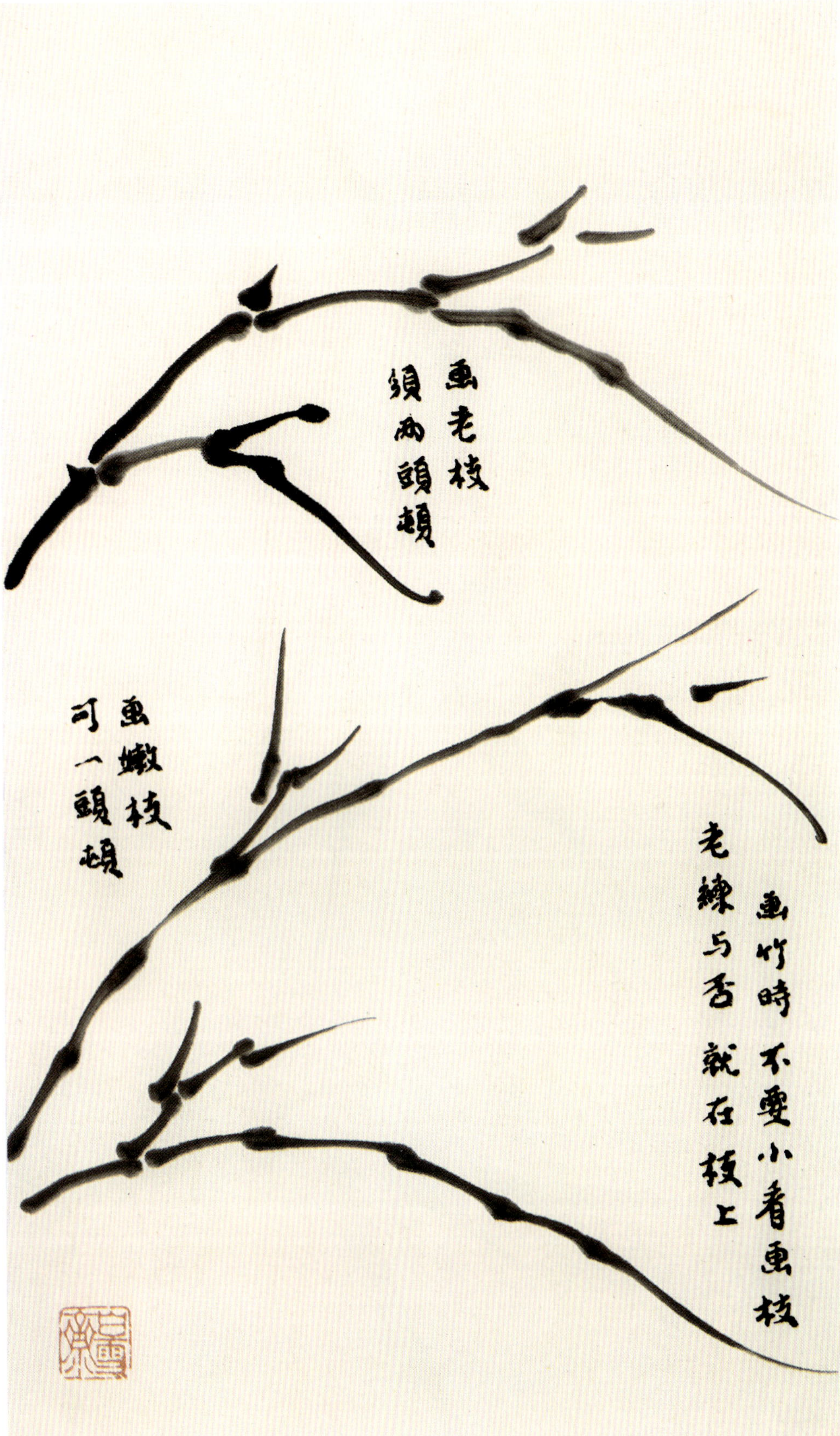

画竹枝发笔，要有顿挫。画老枝，须两头顿，画嫩枝可一头顿，方能体笔性之浑朴美。

此图是先画枝后添叶。(嫩梢画法)

此图是先画叶后加枝。(老梢画法)

竹梢之组合中，须大小竹叶搭配。

竹之风采，皆在露梢小枝上。故须先练习画折枝。

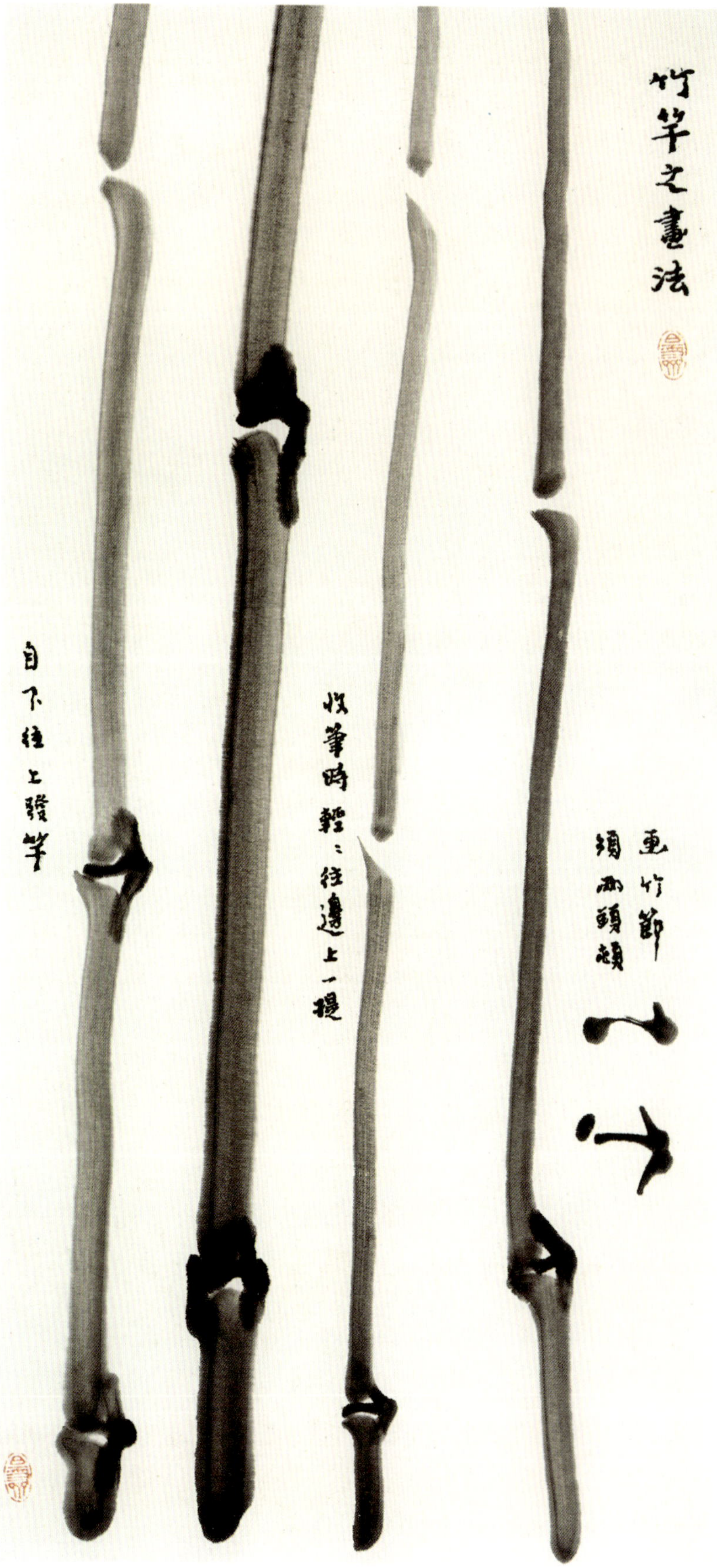

画竹竿可自下向上发干，一气画成。中途不蘸墨，画时，指与腕不能动，须动肘或肩，甚至动腰。要中锋行笔，千万不可用侧锋。加节须趁湿。

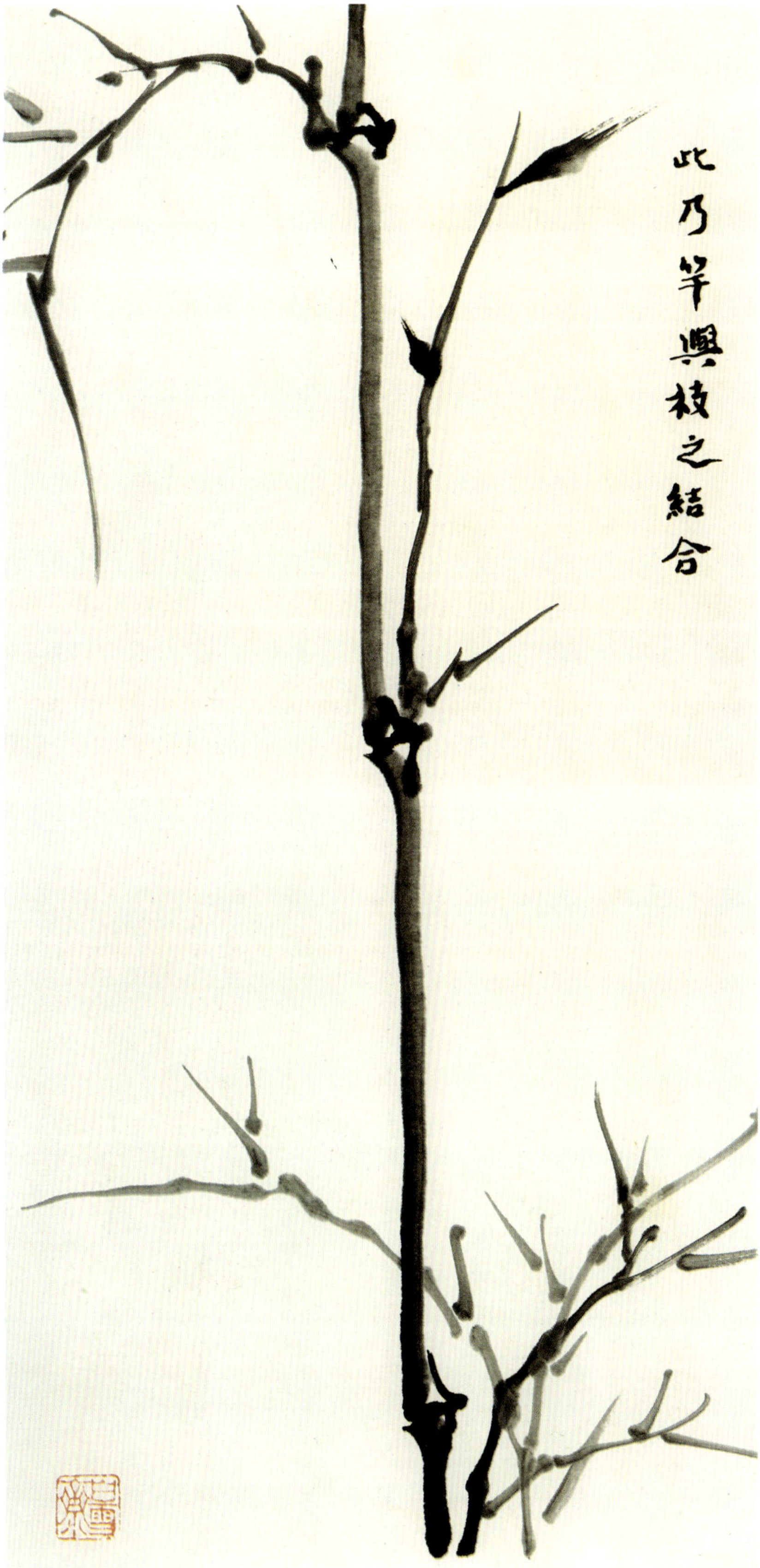

画一幅完整之作，先画竿，加节再添枝，最后加叶。(此幅是竿与枝的结合)

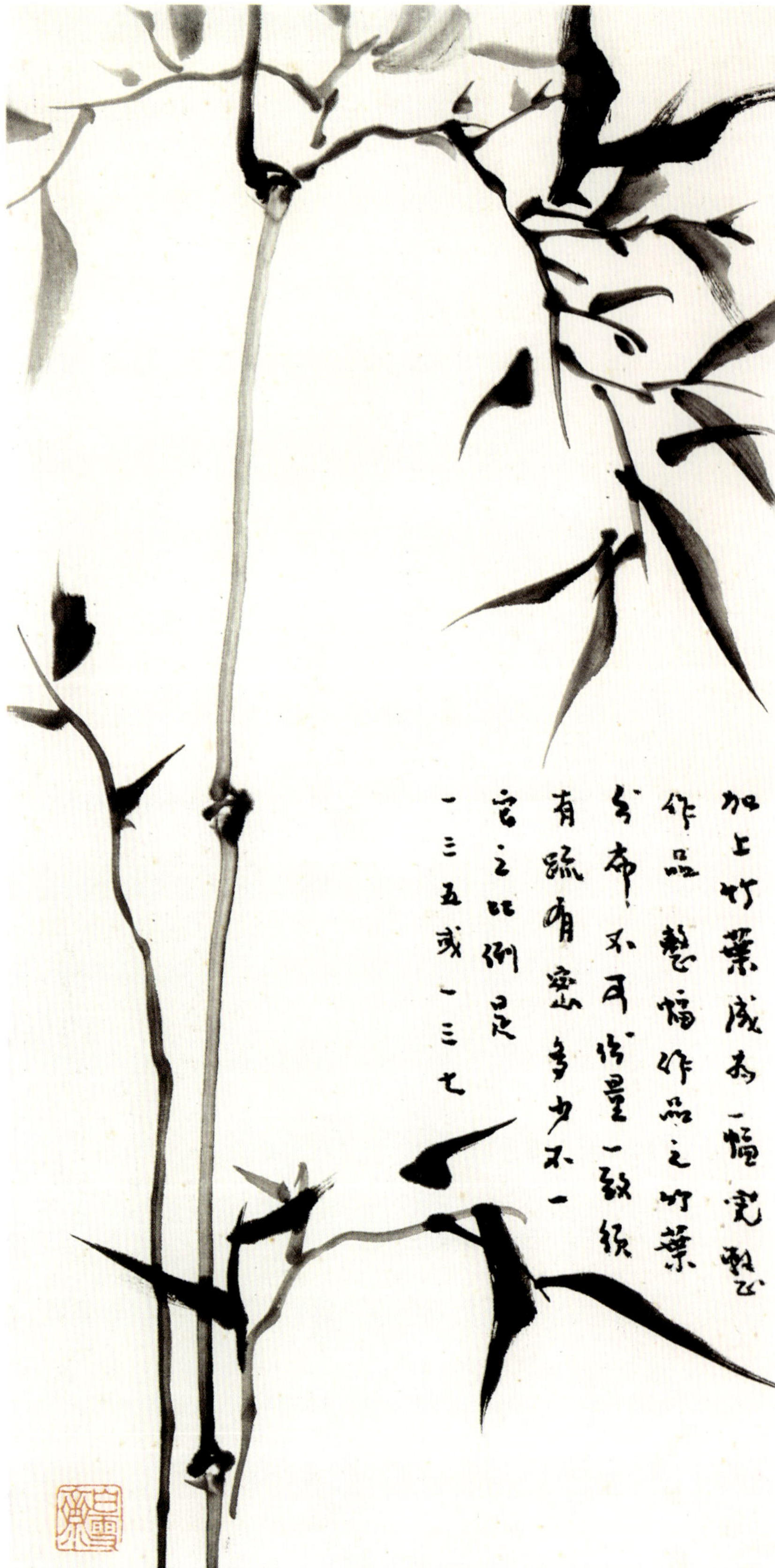

加上竹叶后成为一幅完整作品，整幅作品之竹叶分布不可分量一样，须有疏有密，多少不一，它的比例为一三五或一三七。

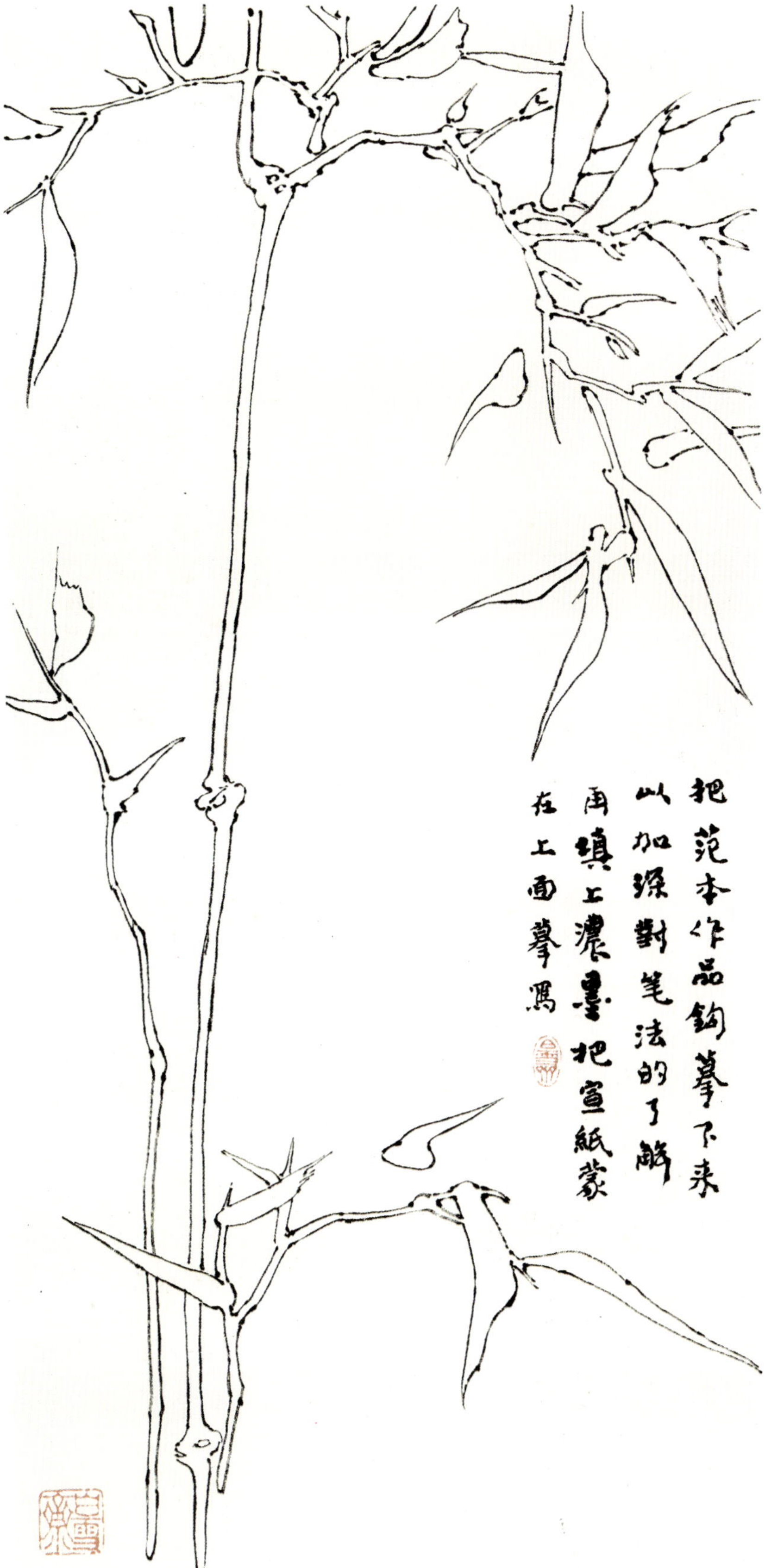

把范本作品用小狼毫钩摹下来，以加深对笔法的了解。再填上浓墨，把宣纸复在上面，用大笔直接摹写。

双竿并排之竹，其节不可同高低，须有高低错落，才不呆板。

画竹落笔必须大气，要沉稳洒脱，这是对立而统一的情趣，此幅作品，须反复多练。

作品赏析

坐雨

一竿饱含水分的瘦竹在黄昏的暮雨中摇曳。清逸、高洁，有寒士自矜之风。

先用长锋羊毫，自下而上画干，在笔头上蘸点浓墨，加上节，用笔头浓墨先在下面画枝，再多蘸些浓墨，写上几笔浓叶，接着加画略淡的几笔叶，趁这笔上有淡墨，遂在上面加枝添叶。这几笔叶宁淡勿浓，方有韵味。

涤尘

构图及笔法，与《坐雨》相同，只是略有变化。可作为系列模式来练习。

听霜

澡雪

云蒸霞蔚

双竿并立，一浓一淡，上部浓多淡少。下部浓少淡多，是一平中求奇之格。在青葱劲挺中有一股蒸腾之气，故题之为“云蒸霞蔚”。

以清为本

竹之本色不是浑杂，而是清淡。请看此幅中唯有叶最浓，其余皆逐一趋淡。

画法也是先画竿，再加枝，撇叶时只是先从下面一组画起，上面那组浓叶是最后加上的。

冷到人间富贵家

面画冷隽玉洁，虽只两竿竹子，二十几笔竹叶，然而却有满园翠竹一片雪压之感，尤其是上面五笔雪竹，可谓以一当万。

以枯辣率笔写雪竹，留白必须饱满，最好在下雪天多观察雪中之竹之状态，雪竹之神韵可得矣。画湖石之轮廓，须有枯湿浓淡之变化。染天须有笔痕，方见其味。

森森翠竹悉是法身

一段竹，只有三节，两三组竹叶上淡下浓，很有节奏的韵律，仿佛在静静地诉说着无上正等菩提。

万木无声待雨来

一竿小竹，倚石而立，无风无月，望尘待雨。以小长锋羊毫，自下向上画竿，一气而成，根边一枝小竹，遒媚洒脱，以笔尖中锋写出。湖石一块斜势而立，似乎撑着那弱不经风的小竹，形成了巧拙互补的对立之美。竹叶分布三组，比例为一五九，这是中国画布局的黄金比例。

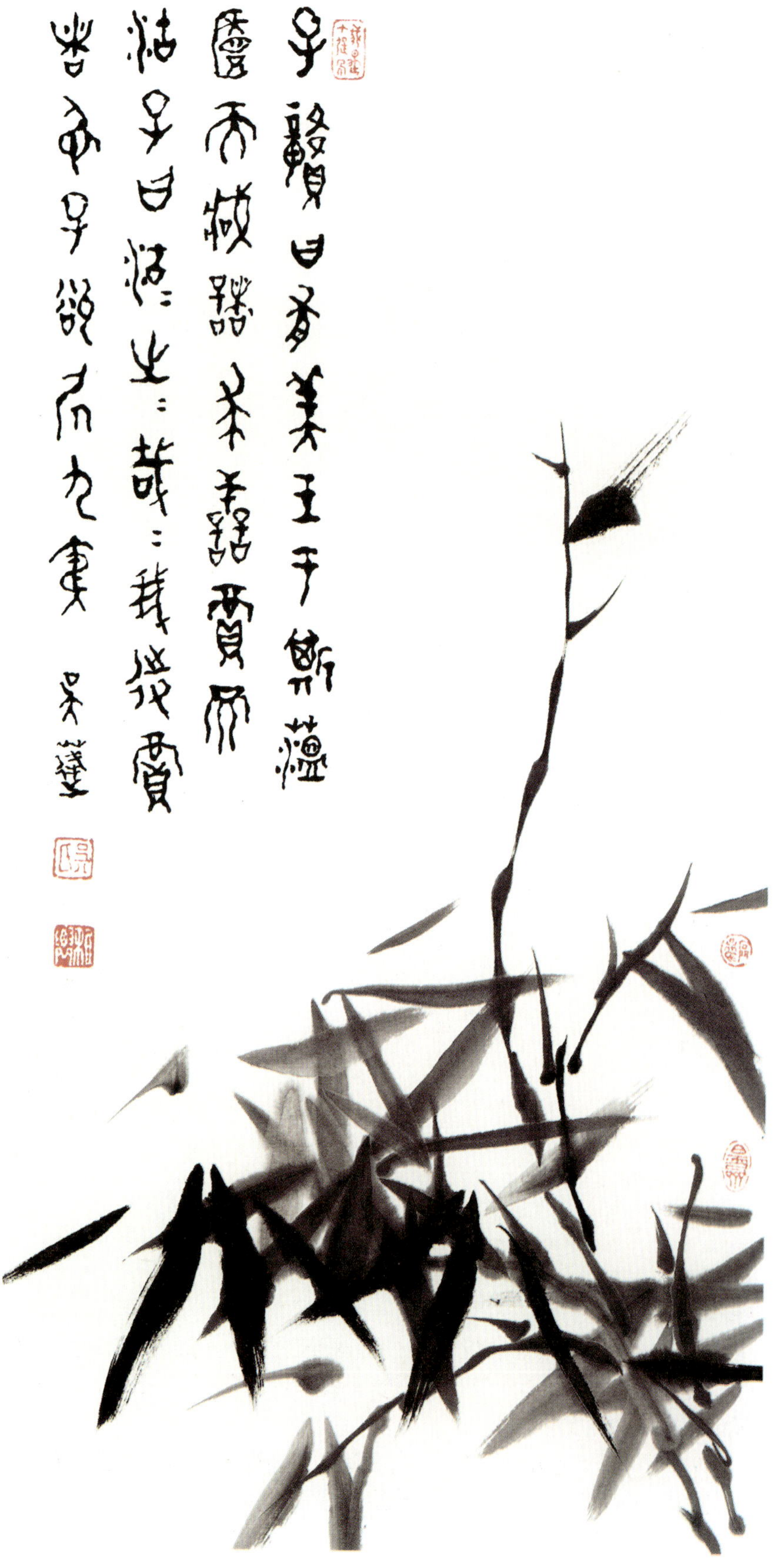

金文新篁

一丛新篁，先撇下一组竹叶纵横随意，浓淡相破，随后加添竹枝；为打破这一团乱竹，即在丛中跳出一枝瘦梢，劲挺而婀娜；再以几笔淡竹叶压住右角；然而还觉压不住，遂盖上两方印，方才稳住。金文之内容与新篁无关，然而其书法笔意与竹枝相呼应，产生了一种形式统一之美。

小桥风笛野人家

走在乡野的小路上，临近小桥，有几行疏竹，一阵微风飘来，似有风笛如银铃般的声响传来……忽然，路边有三五只小鸡在觅食、戏耍。我脑际的第一反应是有人家即将出现，当即来一句“小桥风笛野人家”，作为画题。

先用长锋羊毫画出一斜竿，又在右边画出一略瘦长竿，接着又横出一枝，先淡后浓地撇出竹叶，上部之竹叶皆以淡墨，唯下部五六笔浓叶。待干后，以藤黄调赭墨补上四只小鸡，最后在竹根部填上一只浓墨小鸡，使其有一种稳实感。

天地有正气

竹笋与石笋并立向上，形成一股正气，虽不见大竹，却依然欣欣向荣，正有两旁新篁纷披，为书窗下天籁之趣也。

瘦笋自下向上以长锋羊毫中锋写出，因笋身为湿笔，故笋箨尖必须用干笔慢速写出。石笋作为陪衬，故用略淡之墨，干笔慢速随意写出，趁湿再用淡墨扫上一遍，干后添上小竹，先淡叶，最后加几笔焦墨竹叶，起到醒眼之功。

一杪凤尾

风中竹梢、婀娜媚遒，柔中蕴刚，真所谓潇洒出尘之态也。题上宋人张叔夏的一段词句：“万里孤云，清游渐远，故人何处?寒窗梦里，记经行旧时路。”可作画外之思。

先自下向上画，以长锋羊毫，湿笔劲利快速写成，画时要及时破掉平行之竹叶，墨色之浓淡，必须有过渡性的变化。

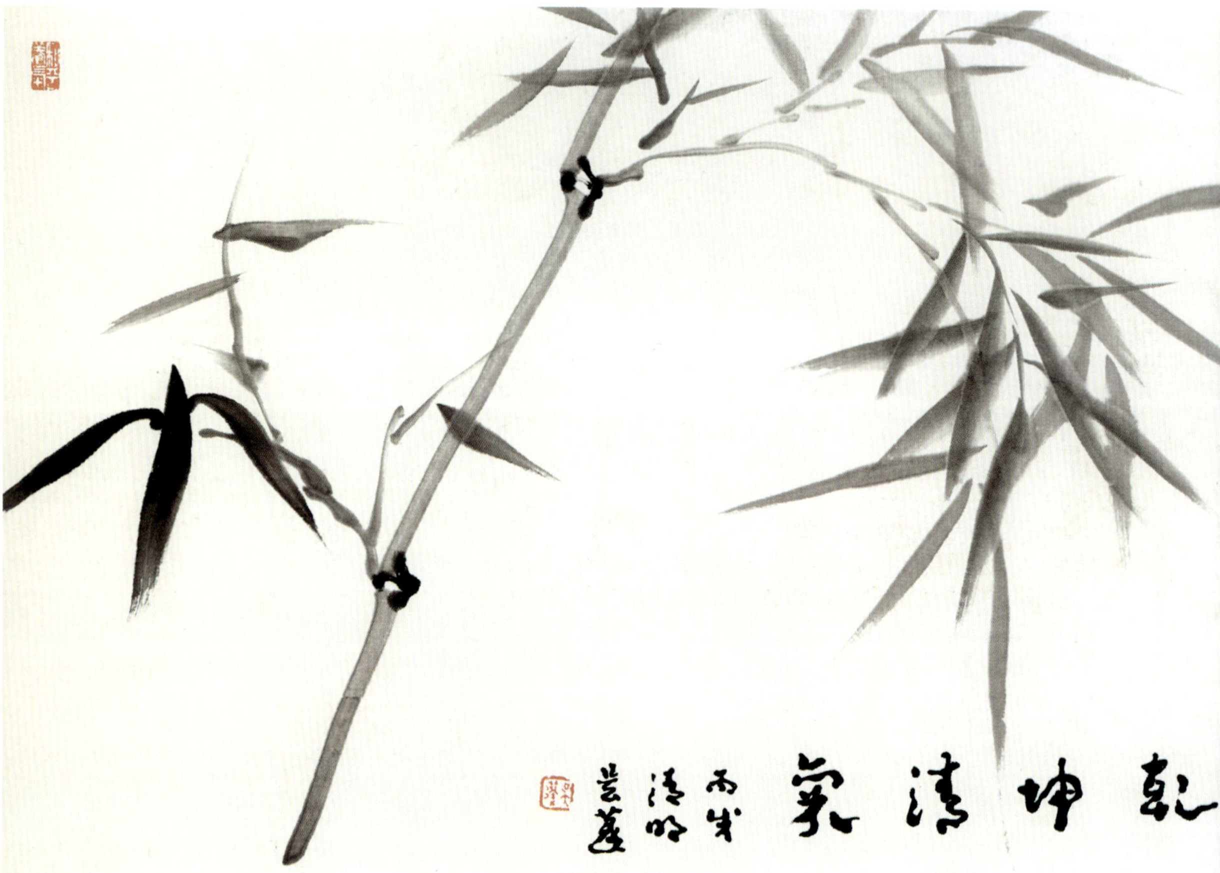

乾坤清气

微微略斜之一竿修竹，清朗明净，可谓乾坤清气也。

以长锋羊毫，先画竿，自下而上，接着画节，画枝，下面一丛先画，先画个字形浓叶，再撇上三笔又淡又小的新叶，上面的一丛淡叶要淡中更淡，方见清淳之韵。

不松

“咬定青山不放松”是板桥先生的一句诗。在乱岩中披风吹斜的新竹，劲节坚竿，风韵绰约。下面小竹劲，乱中有序，有洒落隽朗之气。

先画岩石，然后画出一浓一淡两竿，上面竹叶画后下面几笔焦浓之叶，最后补上横卧石边的小枝淡叶。

报君平安

在岩石旁矗立一竿修竹，卓荦清旷，报君平安。

画竹竿须劲挺，宁长勿短，不可画得太直，要有微微的波动，显得有韧性，比画得笔直更为结实。下面两笔浓叶，上面四笔浓叶皆有过渡性的浓淡变化。不过上面整个一组有点紧，故在下面画石时，笔致很松，这是一种松紧相约的阴阳之和的手法。

尘

是一幅下面紧上面松的合，特别是下面一组浓搭配严谨，稍左边的淡是结构紧密，故此在上松散一点，其中有三四之竹叶，一是为了吊一中之精神，二是垂下来浓竹叶相呼应。

过尽春雨出岩谷

一竿光嫩之新竹直冲画外，腰间之小竹风韵卓然，几笔劲利明净之竹叶，是牵动整幅画面神韵的纽带。当然上下的题词亦很重要，对画面的厚重感带来举足轻重的效果。

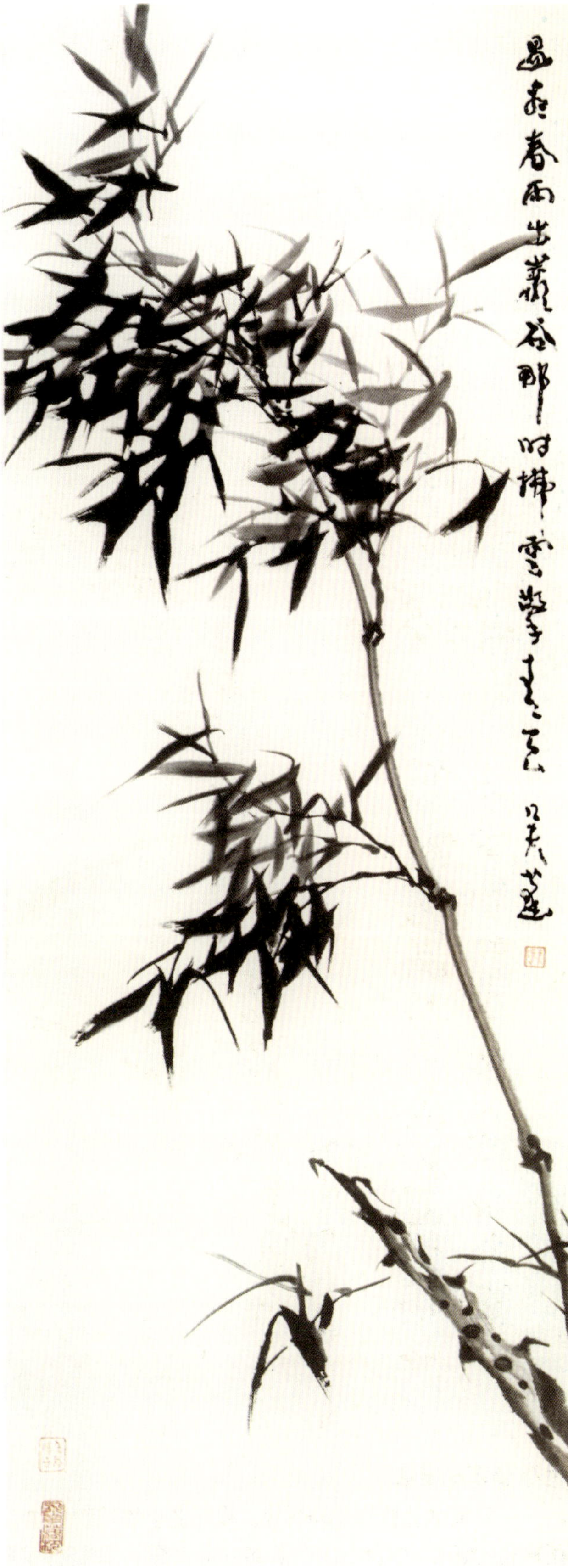

那时拂云擎青天

那是一竿遒健蓬勃之竹，下部又有龙孙一棵斜势破出，意气风发。诗日：“过尽春雨出岩谷，那时拂云擎青天。”待着春雨过后，新竹出得岩谷，定将卓然拂云，高擎青天。

以长锋羊毫画竿，画出劲挺婀娜之干，撇叶基本偏浓，略分浓淡，叶叶皆力透纸背，最后添上一枚春笋。为了稳住画下一角，又写出一笔小竹，精到洒脱，用笔如锥划沙，起到四两压千斤之力。

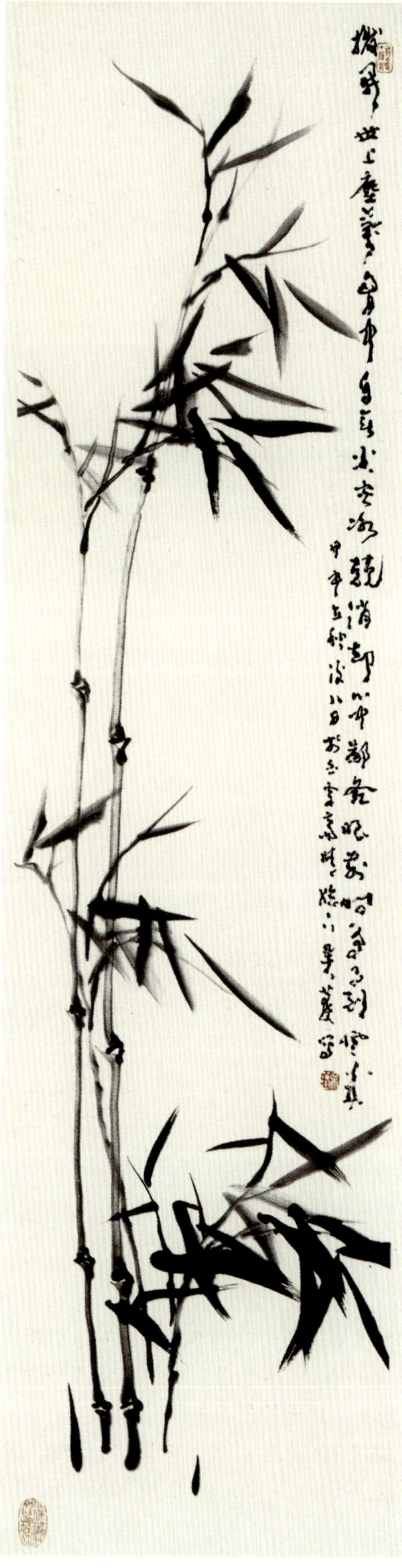

月到风来

《菜根谭》中有这么一句：拨开世上尘氛，胸中自无火炎冰兢，消却心中鄙吝，眼前时有月到风来。此幅修竹两竿，依然相立；竹叶三组，下浓上淡，有豁达开朗之趣，似在风中摇曳，“眼前时有月到风来”也。

风声雨声琅玕声

这是一幅水墨淋漓之竹，虽然风雨交加，然而欣欣向荣，充满着生机。

画时笔头水分饱满，故行笔速度宜快，须一气呵成，融成一体为佳。

四月清和雨乍晴

初夏，老的竹叶脱落无剩，新叶已油嫩亮润，一场雨后，在微风中倾斜着的一竿新篁，享受着雨水载重的快感。边上冲天一竿，不见首尾，只是披露着坚劲的阳刚之美，是不可移动的重要压轴。似同一位男子，虽然不常露面，其地位是不可动摇的。

这是一幅在熟纸上完成的作品，不要以为熟纸不吸水，就可以少用点水，非也。必须每笔饱含水分用积水法为之，其难度亦不亚于生宣，其趣味亦是生宣所无法达到的。

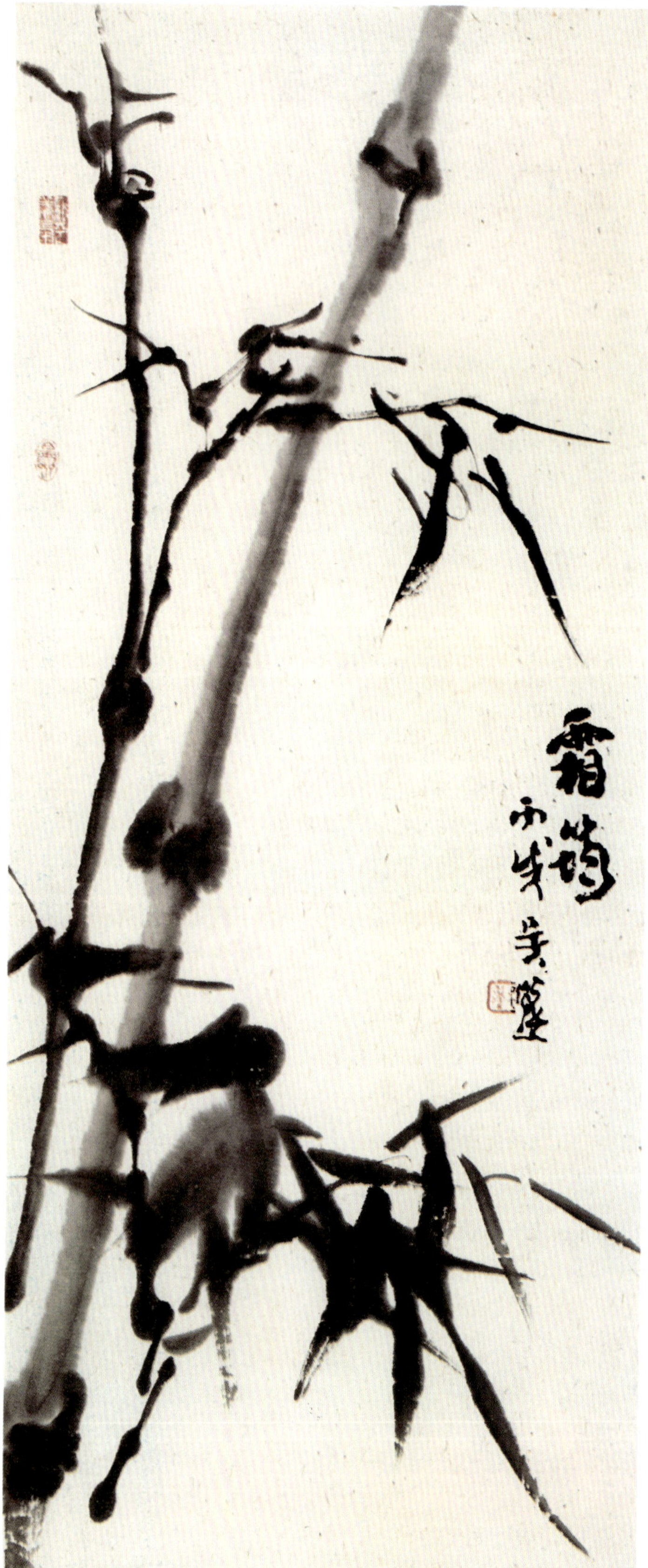

霜筠

秋后初冬，新竹已渐老成，坚节虚心，竹之品格卓然照人。

画纸是一刀宣纸的包装纸，渗水性很强，故落笔要快，最后加浓焦的几笔竹叶，笔头宜干，速度可放慢一点。由于渗化得利害，如同竹上受了一番霜，故题上“霜筠”两字。题画有两种，一是在铺纸作画前想好的，一是画成后出现一种意想不到的趣味，再索取一个恰当的词来题画。

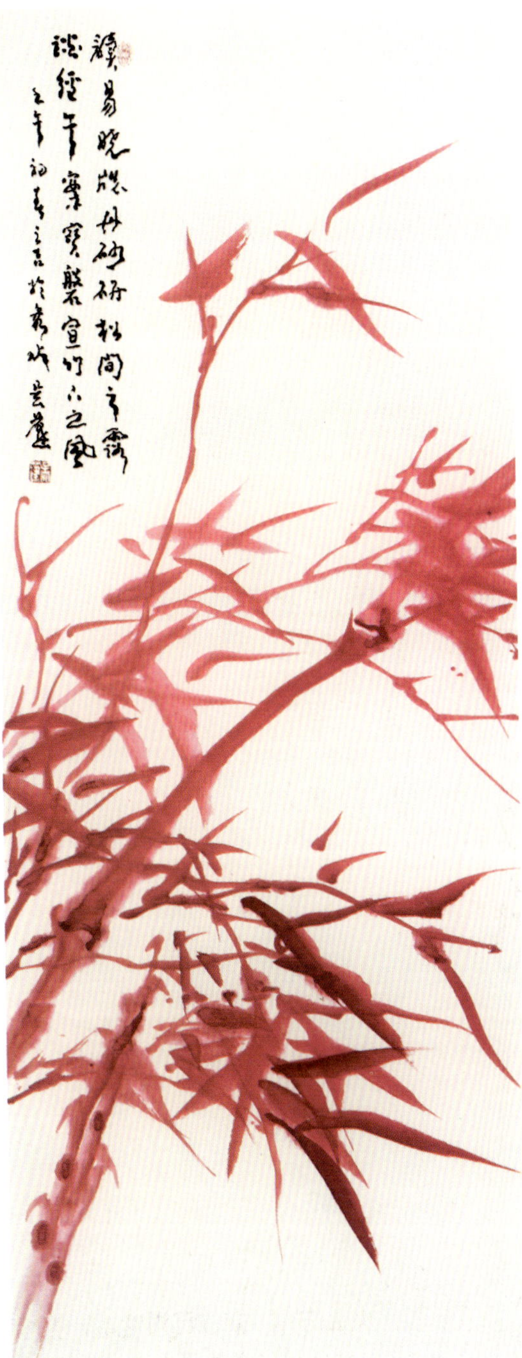

醉竹▶

这幅朱竹，我是纯用一支朱砂旧墨研磨后画成的，故无火气。因其温和有旧气，便题道：“清·道光间瞿子治先生写朱子题曰：山斋夏日刚亭午，个个含香欲醉时。竹宜醉，墨亦宜醉，余不饮酒而喜题醉诗，并画醉竹，何耶一笑。吾亦不喜饮酒亦尝爱画醉竹，今写此一笔，自觉有东坡遗韵。”

并行的两竿竹，没有一直画至顶端，在中部以上便豁开一节，偏向两边，留着上部，以作长题，竹叶不浓亦不太淡，是谓中正平和。长题后，即在上下虚空处钤上几方闲章，稳住边角，有平中见奇之趣。

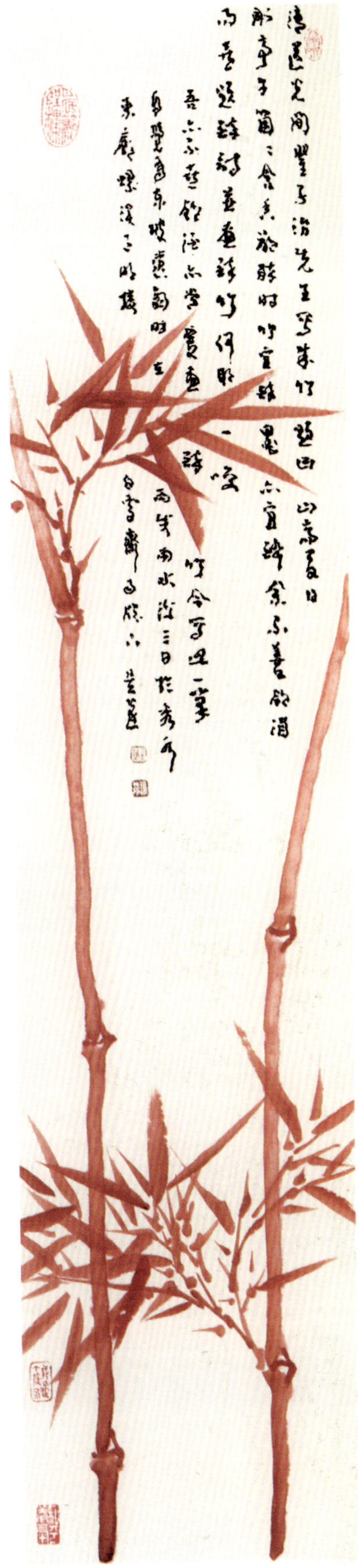

朱竹▲

用朱砂画竹是宋代苏东坡首创。他在考场监考时，兴来时用批卷的朱笔画几笔竹子。别人说他胡来，说：“世上那里有红色的竹子?”东坡反问道：“世上哪里有黑色的竹子?”别人无话可答。用朱砂画竹就流传下来了。因为这朱红色开卷有一股喜气。

这幅《朱竹》调色时我在朱砂里调入一点点胭脂，故在下部的一组竹叶里颜色有点深，是为求画面节奏的明朗。

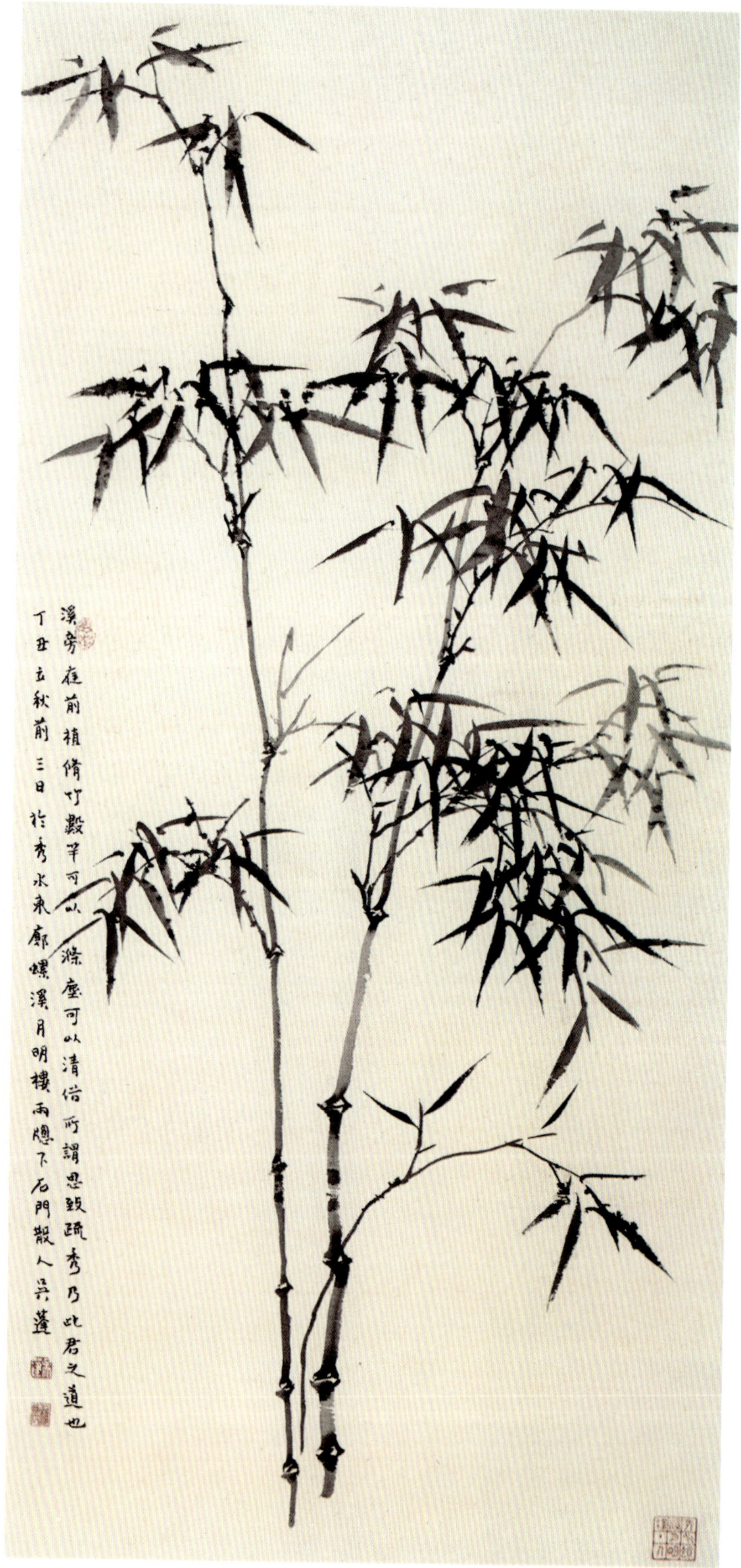

溪旁庭前

画中题曰：溪旁庭前，植修竹数竿，可以涤尘，可以清俗，所谓思致疏秀，乃此君子之道也。

用小长锋羊毫画成，也是先画竿，再加枝，然后加叶，下面的一枝竹是最后添的。因为纸有点年份了，上面有许多霉点，画成后出现一些小斑点，倒也别有趣味。

金竹

在瓷青纸上用金粉画竹，有古色古香之趣。与用墨作画一样，可调成厚薄，分出浓淡。

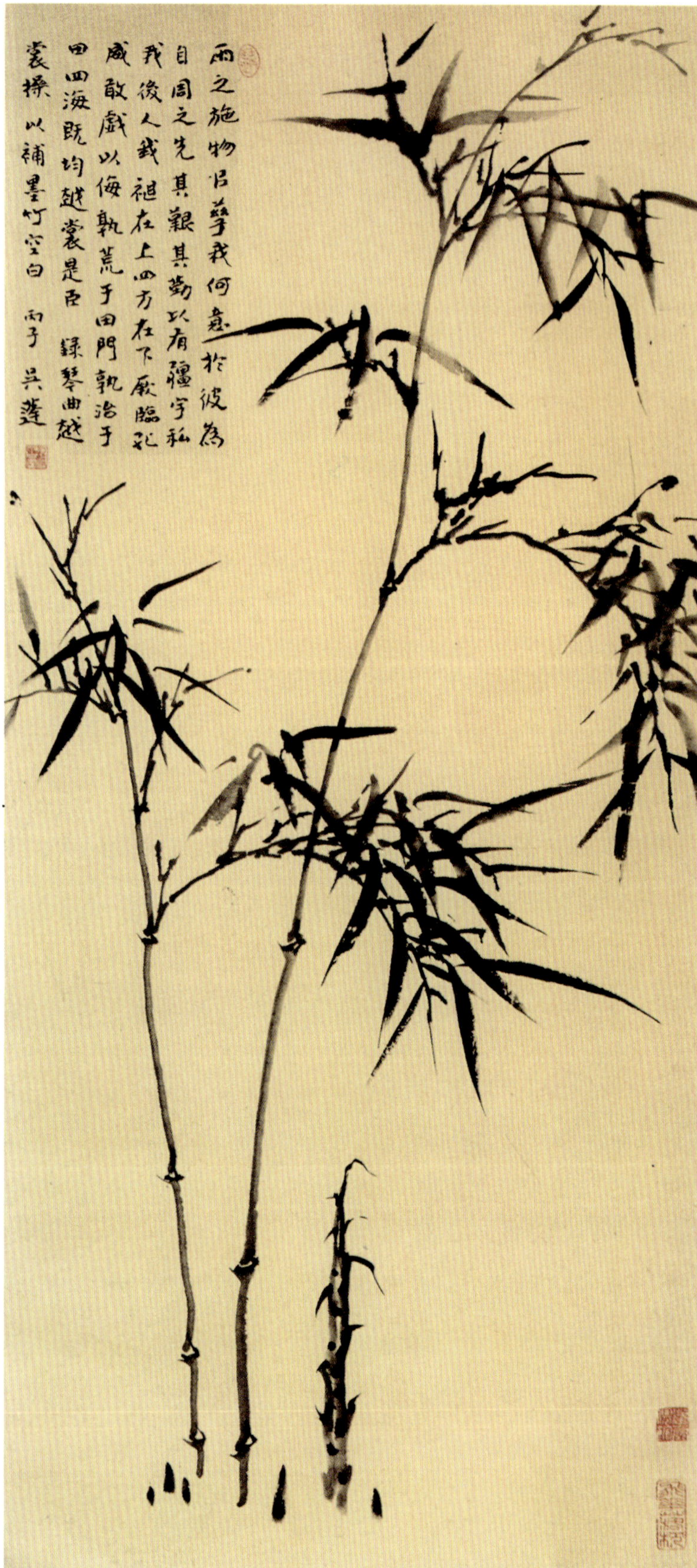
雨之施物以孳我何意於彼為
自周之先其艱其勤以有疆宇私
我後人我祖在上四方在下厥臨孔
威敢戲以侮孰荒于田門孰治于
田四海既均越裳是臣　録琴曲越
裳操以補墨竹空白　丙子　吴蓬

两竿修竹

(四尺中堂)

扇面墨竹

扇面是上过胶矾的，与熟宣相同，画时，笔头须饱含水分，见墨水在扇面上淌来淌去，只要平放在画桌上，让它自然晾干，会出现很多淋漓斑斓的水渍，这便是画扇面特有的积水法的效果，是在生宣纸上无法得到的韵味。

附图：(照片)自制取影框。

在竹林中，用自制的取影框映取竹影，可以静观，可以用数码相机摄下留存，对了解竹之结构，领悟竹之风采是很有帮助的，尤其是对一个画竹之人。

用笔金箴

熟而不局：

笔法熟练后，不可成为一种套局(有局限的套路)，须熟中返生为上品。所谓熟中返生是在熟练的笔法之中出现新生的异常笔法。此种异常的生笔，可从三方面获得。一是学习尚未学习过的古人笔法；二是学习书法；三是在生活中善于观察事物，从中受到启发。

生而不涩：

虽说用笔以生为贵，然生笔不可畏涩(所谓畏涩，是一种不够自信的畏怯的用笔)，也就是用笔虽生，但不畏怯，方见大气。

慢而不滞：

笔头水分少时，行笔须慢，但必须能稳得住(如同慢速度骑自行车一样，这功夫是练出来的)，当然这是你的手腕与手臂的功夫了。如果不能平稳地移动，线条就会出现滞留不前的迹象，当然这是一种不成功的笔触。

急而不脱：

快速行笔时，须在收笔时留得住，正如同拳击对方时，能收住拳锋，方称不脱。

细而不弱：

画细笔线条，水分须少，行笔宜慢，故能沉着劲健，当然不会稚弱。

尖而不薄：

如画竹叶时，叶梢必定是尖状，若能收得住笔锋，留得住笔，当然会出现含蓄而不尖薄的笔致。

粗而不笨：

粗笔中能有浓淡枯湿之变化，即不笨也。

软而不奄：

如画兰叶时，线条必须柔软，若能柔中蕴刚，在叶梢收笔时，微微向上一翘，即是具生命力而不奄也。

劲而不恶：

劲利的笔触，易见火气，产生恶感，若你能刚中蕴柔，用淡墨水烘破一下，就阴阳调和，不恶也。

毛而不燥：

写山水宜毛，毛即有蓬松感，蓬松感即有枯笔出现，然你若掌握不好，则会产生枯燥的现象。但只要你慢速行笔，能让水分渗透纸上，有沉着感、滋润感，可不燥也。

湿而不腻：

用湿笔必须行笔爽健，爽健就是行笔快速，故虽饱含水分而不腻糊。

圆而不滑：

若中锋用笔，易犯圆中带滑，若能行笔顿挫起伏，可以避滑也。

方而不扁：

方笔往往从侧锋中写出，若在行笔时把笔杆竖直，沉着写之，故不觉其扁。

密而不犯：

虽然笔与笔之间很紧密地交搭着，但能互不相犯，各有来龙去脉。

乱而不烂：

每笔都在随意地刻画物形，近观似乎用笔零乱，但远观笔笔生境，能渲染得当，使气脉通达，此迹象非高手莫能。

笔繁最忌气促：

繁笔中画面往往有兀闷感，若能留取一缕亮丽之光，即气息不促矣。

笔简必求气壮：

简笔易成单薄之象，若立意壮慨，布势必有大气，可谓笔简意阔气壮矣。

秀质中须有气骨：

秀质往往接近绵软而无气骨。若能在布局中呈其豁达之势，即戆直的布势，便具气骨也。

苍老中必寓文雅：

枯硬斑驳是苍老之笔征，若能以湿笔渗化、淡化，即得文雅之气也。

画具书卷气：

画中诗意盎然，并有一种温文简淡而不见火气之笔墨，然能从平中求奇见胜。平者，布势平稳；奇者，笔致情趣(即书法情趣)丰富及题意含蓄。

画须先立意取格（品格取韵）

简古：

笔须少而秃拙。笔笔矫健、玲珑，不用多皴擦。用浓墨，复染以水晕，设色不宜艳，用墨绿、墨赭乃得古意。

奇幻：

笔率形颠，最忌平匀。布景则从意外立局，疏密纵横，不以规矩准绳较寸尺，若非人间寻常可到之处，庶可拟作奇幻。

韶秀：

笔长尖细，用力筋韧，用墨光洁，望之袅娜，如迎风杨柳，丰姿如出水芙蓉，斯为得之。

苍老：

笔重而劲，笔笔从腕力中拆出，故曰有生辣气。墨主焦，景宜大，虽一二分合，如天马行空任情收止。

淋漓：

笔须爽朗流利，或重或轻，一气连接，毫无凝滞。墨当浓淡渗化，景宜新而初晴，所谓“元气淋漓嶂犹湿”是也。

雄厚：

笔圆气足，层叠波起，再三加擦。墨宜浓焦，复用水墨衬染，景不须多，最忌琐碎，峭壁乔松，一亭一瀑为高。

清逸：

笔简而轻，轻中有力，交搭处明白简洁。景虽少，海阔天空，墨以淡为主，不可浓密加多。

味外味：

笔若无法而有法，形似有形而无形，僻僻涩涩中藏活活泼泼，固脱习派，且无矜持，只当意会，难以言传，正谓此也。

图书在版编目（CIP）数据

画竹技法／吴蓬著. —上海：上海书店出版社，2007.1
（白雪斋画学丛书）
ISBN 978-7-80678-681-9

Ⅰ.画... Ⅱ. 吴... Ⅲ.竹亚科－花卉画－技法（美术）
Ⅳ.J212.27

中国版本图书馆 CIP 数据核字（2007）第 002598 号

画 竹 技 法

著　　者　吴　蓬
策划编辑　俞雷庆
责任编辑　张　轶
装帧设计　王志伟
技术编辑　吴　放
出　　版　上海世纪出版股份有限公司上海书店出版社
发　　行　上海世纪出版股份有限公司发行中心
地　　址　200001 上海福建中路 193 号
网　　址　www.ewen.cc www.shsd.com.cn
印　　刷　上海财经大学印刷厂
开　　本　787x 1092mm 1／16
印　　张　3
印　　数　1—5000
版　　次　2007 年 1 月第一版 2007 年 1 月第一次印刷
书　　号　ISBN978-7-80678-681-9/J·320
定　　价　36.00 元